EL SECUESTRO

ENRIQUE VILLARREAL AGUILAR

EL SECUESTRO

ROUND LAKE AREA
LIBRARY
906 HART ROAD
ROUND LAKE, IL 60073
(847) 546-7060

México • Miami • Buenos Aires

El secuestro
© Enrique Villarreal Aguilar, 2011

Quarzo

D. R. © Editorial Lectorum, S. A. de C. V., 2011
Centeno 79-A, col. Granjas Esmeralda
C. P. 09810, México, D. F.
Tel. 5581 3202
www.lectorum.com.mx
ventas@lectorum.com.mx

      L. D. Books, Inc.
      Miami, Florida
      sales@ldbooks.com

      Lectorum, S. A.
      Buenos Aires, Argentina
      ventas@lectorum-ugerman.com.ar

Primera edición: enero de 2011
ISBN: 978-607-457-147-9

Portada e interiores: José Antonio Valverde

Características tipográficas aseguradas conforme a la ley.
Prohibida la reproducción parcial o total sin autorización escrita del editor.

Impreso y encuadernado en México.
Printed and bound in Mexico.

Agradecimientos

A Dios: gracias, Señor, por darme la capacidad de observar el panorama que me ha permitido abrirme paso en la vida; porque Tú nos enseñas el camino a la grandeza y nos brindas la inteligencia para observar con claridad este sendero; sólo basta quitarnos las vendas que nos ciegan y nos impiden realizarnos.

A mi madre: cuando una buena madre muere, sólo muere a medias, su imagen y principios permanecerán inmanentes en el corazón de los seres que la siguen amando. Así permanecerás tú, hermosa princesa, viva hasta mi último suspiro.

A Lety, Quique y Mauri: sólo puedo expresarles que los amo con todo mi corazón y que ustedes son ese gran motivo que inspira, que engrandece, que fortalece y que hace de la vida algo maravilloso. Ustedes son el gran regalo que debo agradecer a Dios por toda la eternidad.

Gracias a mi hermanos Mary, Hilda y Gerardo, por su cariño; a mi primo Eduardo, por su apoyo; y a mi gran amigo Jorge Guerrero, por su amistad y excelente idea del error cultural de los valores.

❧ *Introducción* ☙

CUANDO ESCRIBÍ ESTE LIBRO, PENSÉ EN TODOS AQUELLOS QUE TIENEN UN CÚMULO DE SUEÑOS Y FANTASÍAS QUE NO HAN HECHO realidad, porque, sin querer, han sido víctimas de un secuestro.

Así es, de un secuestro de sus aptitudes —como la diligencia, la automotivación, la preparación, el estudio, el deseo de superación, la presteza, el orgullo por demostrar la valía—, que han encerrado en lo más profundo de su ser; que han vendado sus ojos y se manifiestan a través de sus actitudes más temerosas, perezosas y pusilánimes, convirtiéndose en seres serviles, aduladores y sin la menor aspiración de demostrarle al mundo su potencial; como si el éxito sólo estuviera reservado para unos cuantos y ellos no fueran más que víctimas de las circunstancias o del destino, en el que todos son culpables de sus fracasos y derrotas, excepto ellos mismos; en el que la comodidad se antepone al esfuerzo y la dedicación; en el que la autocompasión tiene mayor crédito que el orgullo y el coraje para sacar a flote su espíritu de triunfo.

Este libro está dirigido a todas las personas que están cansadas de permitir que la vida los lleve por donde le place y que, a partir de ahora, forjarán su futuro con trabajo y preparación y jamás se intimidarán ante los problemas. Asimismo, es para aquellos que han demostrado al mundo que son más fuertes que el destino, y que a pesar de las circunstancias, han alcanzado sus sueños o, al menos, se han acercado a ellos con la firme convicción de que nunca se sentirán derrotados y un hálito de optimismo los llevará a las cumbres más elevadas.

Dedico también esta obra a los jóvenes que tienen sueños y que desean un futuro promisorio, para que el mundo les abra el camino hacia el éxito y no sucumban ante las actitudes que han llevado a la mayoría de los hombres al fracaso.

Enrique Villarreal Aguilar

1
La vida de los mediocres

AQUÍ ESTOY, UNA VEZ MÁS, CON MIS SUEÑOS TRUNCADOS, SIN FUTURO, TRABAJANDO DURO PARA GANAR UNA MISERIA DE SUELDO y llevar poco dinero a mi familia. Apenas alcanza para comer, pagar los servicios —la televisión por cable, el Internet, el agua, la luz—, las colegiaturas, la hipoteca, etcétera. Mi esposa, como siempre, hace milagros con los pocos ingresos que percibo. Debería darme vergüenza por todo aquello que no he conseguido en la vida y, aunque en estos momentos me siento triste, mañana en la fiesta de mi compadre me olvidaré de la tristeza y, ya borrachos, soñaremos que nos sacamos la lotería o que mi jefe "el poderoso" se da cuenta de mis cualidades, me protege y me vuelvo millonario o que realizo el negocio de mis sueños... Total, soñar no cuesta nada.

En fin, siempre tendremos algo que soñar... Y si no hay nada que soñar, me siento a ver los partidos de futbol y me olvido de lo que me falta por hacer; basta con que mi equipo gane para sentirme satisfecho.

A veces me pregunto por qué no estudié una carrera. Mis malos hábitos ocasionaron que no culminara nada de lo que empezaba.

Por supuesto, sigo cultivando dichas costumbres hasta la fecha. Me aburren tanto mis deberes, que ciertos distractores, como las revistas de chismes, rápidamente me apartan de mis planes y objetivos y me conducen a rutinas cómodas y divertidas.

El trabajo no me llena; es más, me aburre. Me llama más la atención la televisión o, simplemente, perder el tiempo. Por la mañana no tengo ánimos para despertarme; me levanto tarde y medio desayuno. Hay días en que no lo hago: me baño rápidamente, llevo a mis hijas a la escuela, manejo como bestia y, por supuesto, siempre somos los últimos en llegar. Camino al trabajo, conduzco lento, y no falta quien me grite: "¡Maneja más rápido, tortuga!", a lo que respondo irónicamente: "¡Pues levántate temprano, flojo!" Llego tarde y mi jefe, para variar, me llama la atención. Obviamente, yo siempre tengo un pretexto. A veces me pregunto si no debería ser actor, creo que ya me habría ganado un Oscar.

Tras la llamada de atención, acostumbro pedir algo de desayunar, al tiempo que platico sobre el partido o las telenovelas con mis compañeros de trabajo. Después de una o dos horas de plática, comienzo mis deberes. No entiendo por qué nunca me alcanza la jornada laboral para terminarlos. Cabe aclarar que siempre soy el último en llegar, pero el primero en irme. Y del tiempo extra, ni hablar; jamás me lo pagan. ¿Por qué tengo que hacer un esfuerzo extra si ellos no agradecen nada?

Trato de servir a mi jefe y le ayudo con sus asuntos personales, como encontrarle escuela a sus hijos, llevar a su esposa adonde me indiquen o hacer uno que otro mandado; pero él es un malagradecido; me preocupo por él y sólo recibo malos tratos de su parte.

No sé por qué siempre tengo dificultades con mis superiores. Éste es mi quinto empleo y en la mayoría me han corrido o he salido con problemas. Tal parece que todos los jefes están pintados con la misma brocha: son muy exigentes, siempre andan del mal humor, te tratan como si fueras su esclavo, se quedan hasta tarde en el trabajo —como a ellos sí les pagan bien... así, cualquiera— y quieren que estés bien preparado y atiendas bien a los clientes, pero no te suben el sueldo.

Hasta la fecha sigo haciendo lo mismo que cuando entré. No es posible que no me hayan ascendido. A estas alturas ya debería ocupar el puesto que ahora tiene mi jefe, pero, ya sabes, las influencias; como es pariente o conocido del dueño...

No entiendo, ¿por qué no nos dan preferencia a los que tenemos mayor antigüedad en el trabajo? Es por eso que usualmente salgo temprano: acabaron con mi entusiasmo y dejé de esforzarme, y ya no puedo tolerar esta situación.

En lugar de regresar a casa y soportar los gritos de mi mujer, prefiero irme con mis amigos a tomar una copa y continuar la charla "interrumpida" por el trabajo. Cuando vuelvo a casa, mis hijas quieren jugar conmigo, pero les digo que estoy muy cansado y prendo la televisión. A mi esposa le cuento que trabajé horas extra y que, a pesar de que sé que no me lo agradecerán, "alguien tiene que hacerlo".

Y es así como transcurre mi rutina cotidiana: de la casa a la escuela, de ahí a trabajar, luego al chisme, a la cantina, de regreso a casa y, finalmente, a dormir. Años y años viviendo de la misma forma... ¡Ya estoy harto!

Mi suegra no me quiere. Mi esposa todo el tiempo está de mal humor; dice que el dinero no le alcanza, que ya no salimos juntos, que es la sirvienta de la casa, que mis padres se entrometen en mi vida constantemente y no me dejan madurar. Mis hijas ni siquiera me saludan, pues se pasan horas jugando con sus muñecas o enajenadas en Internet, el PlayStation o el XBox, y ya no salen a ningún lado; su aprovechamiento en la escuela es pésimo. Mi jefe la trae contra mí: no me tolera, no me habla, me evita y, cuando me ve, grita y me echa en cara mis fallas y lo que no he hecho. Es insoportable. Que lo aguante su familia, ¿yo, por qué?

El gobierno, como siempre, no hace nada. Mis vecinos me critican y la traen contra mí; tengo pocas amistades y, la verdad, es que la gente no vale la pena, casi todos son insensibles, intolerantes y malos amigos; no responden ante todo lo que uno hace por ellos. Sólo cuando de fiestas o de chismes se trata, es cuando se acuerdan de ti.

La vida es un fastidio. Los que nacimos pobres nos moriremos de la misma forma; en este país no se puede progresar.

Qué cierto es aquel viejo refrán que reza: "El que nace para martillo, del cielo le caen los clavos". Mi abuelo tenía razón cuando decía: "No sueñes. Siempre serás lo que eres y no podrás aspirar a nada más; trabaja para buscar una jubilación y, después, que el gobierno te devuelva lo que tanto has trabajado. Deja que el mundo ruede mientras no te perjudique a ti; tranza y avanza."

En esta vida, si no le ves la cara a los demás, seguro ellos te la verán a ti. Aprovecha cuando puedas comprar algo más barato, aunque sea robado; al fin, eso ya es asunto de otro. Si puedes, evita una fila en el cine o mientras manejas; que los más brutos se aguanten.

Este mundo es de los inteligentes y de los audaces, no de los que fingen que tienen valores. Estamos en una jungla de hierro, en la que el más fuerte se come al más débil.

Es un hecho que hay que explotar a los demás para que no te exploten a ti. En el trabajo, haz como que trabajas, ellos hacen como que te pagan y todos quedamos a mano.

Así, adopté esta actitud como forma de vida: actúo como si fuera un *zombie* que carece de opinión, que no tiene vida y que procura seguir la misma rutina, sin esperanza alguna, sin emoción ni motivación; siempre obedeciendo a los demás sin replicar, siempre haciendo lo que me piden, aunque veces tenga que ir en contra de lo que soy, de lo que he logrado y de mi futuro.

2

Lo que empieza mal, termina mal

HOY SUCEDIÓ LO QUE TENÍA QUE SUCEDER: A CAUSA DE LA CRISIS Y LA MALA SITUACIÓN FINANCIERA, HUBO UN RECORTE de personal en la empresa en la que trabajo y en el primero que pensaron fue en mí. Mi jefe no me soportaba. Claro, seguramente pensaba que en cualquier momento podía quitarle el puesto. Es normal, actúan así por miedo y, usualmente, despiden a los que podrían dejarlos sin trabajo. Con el carácter que tiene, no hay quien lo aguante... ¡Pobre!, debería ir a un psicólogo. Que se quede con la bola de aduladores que llegan temprano y que trabajan horas extra con tal de "dar resultados". Me rehúso a ser así. Soy un hombre de principios y no permito que los demás me exploten de esa forma.

Con mi liquidación sobreviviré una temporada. Mientras, buscaré un buen trabajo en el que sí me valoren y me den el puesto que merezco.

Los meses han pasado y el dinero ya no rinde en casa. La situación en el hogar se torna cada vez más tensa y las niñas casi no tienen qué comer ni con qué vestirse. El automóvil está descompuesto. Mi esposa ha tenido que empezar a trabajar para mantenernos.

He llenado decenas de solicitudes y aplicado en diferentes empleos y nadie me contrata. Mis antecedentes laborales no son buenos, por lo que, incluso, tuve que recurrir a algunos familiares para ver si me colocan en algún lado, pero no sucede nada.

No puedo creer lo que me está pasando. Todo mi esfuerzo ha sido en vano; en ningún lugar requieren mis servicios. Admito que he sido impuntual en las entrevistas y que todos los días me levanto tarde, por lo que sólo envío una o dos solicitudes, pero no es para tanto.

El hambre entró en mi casa y el amor se perdió. Lágrimas y discusiones son el pan nuestro de cada día: los mismos reproches, las mismas lamentaciones y las mismas angustias todos los días. Tuvimos que dar de baja a nuestras hijas de la escuela privada e inscribirlas en una escuela pública. Ellas, acostumbradas a sus antiguos colegios y a las comodidades, no paran de llorar. Vendimos el automóvil para sustituirlo por camiones... En pocas palabras, nos convertimos en los nuevos pobres.

En estas circunstancias comencé a tomar y me emborrachaba para huir de mis problemas. ¡Cómo es posible que no lograra conseguir los medios para alimentar a mi familia, pero sí para comprar una botella de vino! El alcohol era lo único que me ayudaba a sobrellevar los ratos de desesperación; no me ayudaba a olvidar —pues borracho recordaba más—, pero sí a embrutecerme para tener un pretexto y evadir mis responsabilidades.

Un día, como ya se había vuelto costumbre, llegué borracho y empecé a discutir con mi esposa. Ella reprochaba mi conducta, mi inmadurez y que mis padres siempre tenían que ayudarme a salir de mis problemas, pues no sabía resolverlos por mi cuenta. Entonces, la discusión subió de tono y asesté el primer golpe... y después otro, y otro. Mi mujer cayó al suelo inconsciente y las niñas rompieron en llanto y gritaban desesperadas:

—¡Mamita, no te mueras! ¡Mamita, no nos dejes! ¡Llévanos contigo! Mi papá es malo y no nos quiere.

Sus palabras me dolieron profundamente, y reaccioné de inmediato. Intenté reanimarla, pero no lo logré. Mi embriaguez me impedía pensar con claridad.

La mayor de mis pequeñas actuó con sensatez y llamó a una ambulancia. Ésta llegó en poco tiempo y los paramédicos se apresuraron en trasladarla al hospital.

Ahí, las horas transcurrieron lentamente. La familia de mi esposa y la mía se encontraba ahí, todos mirándome, reprochando mi conducta y actitudes. Mis hijas seguían llorando por lo ocurrido y yo me sentía el más desgraciado de todos los hombres. "¿Hasta dónde he llegado?", me pregunté una y otra vez. "¿Cómo es posible que haya hecho esto?", volvía a recriminarme en mis adentros, trémulo de vergüenza y miedo.

Tras varias horas de espera, el doctor preguntó por mí; me miró con tristeza y me dijo:

—Tengo una muy mala noticia: su esposa no reacciona y no sabemos cuándo pueda hacerlo; tal vez quede en coma. Puede despertar mañana o permanecer en ese estado el resto de su vida. Las próximas treinta y seis horas son cruciales.

—¡No, no, perdóname! —grité llorando—. ¿Cómo es posible que haya sucedido esto?, ¿cómo es posible que el alcohol me haya transformado tanto, al grado de cometer una atrocidad como ésta?

Al ver mi desesperación, incluso mi suegro se compadeció de mí, me abrazó y trató de consolarme; sabía que no lo había hecho a propósito, que fui víctima del alcohol. El doctor me miró, y suponiendo lo que había sucedido, dijo antes de irse:

—Si supiera cuántas personas mueren a causa del alcohol... Destruyen no sólo sus vidas, sino la de toda su familia o la de otros, o quedan minusválidos. Si supieran, pensarían un poco más antes de tomar hasta embrutecerse. Si acaso entendieran cuántos se refugian en el vino y cómo sus hijos terminan en la prostitución, drogadicción o delincuencia a causa del vicio de sus padres.

Sus palabras fueron duras, pero ciertas, y me sentí avergonzado; sin embargo, mi alma estaba tan destrozada por lo que había hecho, que quería morirme, saltar por una ventana y librar a la gente de la basura en la que me había convertido.

"Ahora, ¿qué harán mis hijas sin su madre?, ¿qué haré sin mi amada esposa?"

Ese día volví a acercarme a Dios después de mucho tiempo, y le pedí perdón por todos mis defectos, por lo mal que había tratado a mi familia y a mis semejantes.

Una enfermera se sentó a mi lado, desconsolada; lloraba sin cesar. por un momento me olvide de mí y traté de consolarla.

—¿Por qué llora, mujer? —pregunté.

—Sucedió algo terrible a causa del alcohol.

—¿Del alcohol? —le respondí—. Mi esposa está grave por mi culpa y la del alcohol... Pero, cuénteme, para que se desahogue —le dije.

Y empezó a contarme.

Una jovencita pensó que sus padres no le darían permiso para irse de fiesta con sus amigos, así que decidió decirles que iba al cine con una compañera. Aunque se sintió un poco mal por mentirles, no quiso darle muchas vueltas al asunto y partió a divertirse. La *pizza* estuvo bien y la fiesta, genial. Cuando ésta llegó a su fin, uno de sus amigos, que ya estaba borracho, la convenció de ir a dar una vuelta en su coche, pero antes hicieron una parada, pues él quería "una fumadita". De pronto, intentó propasarse con ella. "Tal vez mis padres tienen razón", pensó. "Quizá soy muy joven para salir así. ¿Cómo pude haber sido tan tonta?"

—Por favor, llévame a casa, no quiero quedarme —le dijo.

Molesto, el joven arrancó el coche y comenzó a conducir a toda velocidad. Ella, asustada, le rogó que manejara más despacio, pero mientras ella más le suplicaba, él pisaba más el acelerador. De repente, vio un gran resplandor.

—¡Oh, Dios, ayúdanos, vamos a chocar!

Ella recibió toda la fuerza del impacto. En un instante, todo se tornó negro. Aún consciente, sintió que alguien la sacaba del auto retorcido y escuchó algunas voces a lo lejos: "¡Auxilio, llamen a una ambulancia!".

Le pareció oír que había dos coches involucrados en el accidente. Cuando abrió los ojos, estaba ya en el hospital viendo caras tristes.

—Estuviste en un choque terrible —le dije.

Poco después, se enteró que el conductor había muerto.

—Hacemos todo lo que está en nuestras manos, pero parece que te perderemos a ti también.

—¿Y la gente del otro auto? —preguntó la joven llorando.

—También murieron —respondí.

—Dios, perdóname por lo que hice. Yo sólo quería una noche de diversión.

Y dirigiéndose a mí, dijo:

—Por favor, dígale a los familiares de los que iban en el otro coche que me perdonen, que yo quisiera regresarles a sus seres queridos Por favor, enfermera, ¿podría decirles esto de mi parte?

"También dígales a mi mamá y a mi papá que lo siento mucho, porque mentí y me siento responsable por la muerte de esas personas."

Me quedé callada como una estatua. Instantes después, la joven murió.

Un hombre que estaba a su lado escuchando todo me cuestionó:

—¿Por qué no hizo lo posible para cumplir la última voluntad de esa niña?

Llorando, miré al hombre a los ojos, y le dije:

—Porque las personas que conducían el otro auto eran su papá y su mamá, que habían salido a buscarla.

Y la enfermera lloró desconsolada. "Una vez más el alcohol", pensé. "¿Cómo puede aturdirnos tanto?"

Después de un rato, se marchó y yo seguí con mis penas, con mis propios sufrimientos y remordimientos, y le ofrecí mi vida a Dios a cambio de la de mi esposa. Lloré y lloré hasta quedarme dormido. A la mañana siguiente, un enfermero me despertó y me dijo:

—Señor, señor, levántese, ¡ha sucedido un milagro! Le tenemos una muy buena noticia: su esposa ya reaccionó, no puede hablar con nadie aún, pero ya está consciente.

Volteé rápidamente a ver la imagen de Dios y le agradecí. Todos estaban contentos con la noticia y ahora los reclamos se volcaban hacia mí y yo no tuve manera de defenderme; me había convertido en un perfecto desgraciado.

Mi familia estaba decepcionada, mis niñas no querían ni verme, la familia de mi esposa me quería matar y mis amigos estaban avergonzados por la situación. Uno de ellos se acercó y me dijo:

—Ve a bañarte. El alcohol y el mal olor están impregnados en tu ropa. No creo que sea deseable que tu esposa te vea en la situación en la que estás. No tardes mucho. Nosotros estaremos pendientes y te mantendremos informado de todo lo que suceda.

3
El secuestro

DE REGRESO A CASA, COMENCÉ A RECORDAR TODOS LOS BUENOS MOMENTOS DE MI VIDA: CUANDO TERMINÉ LA PREPARATORIA, cuando conocí a mi mujer, el nacimiento de cada una de mis hijas, cuando me premiaron por tener las mejores calificaciones en la secundaria, cuando me dieron el premio como el mejor ejecutivo...

¿Qué pasó con mi vida?, ¿qué sucedió con esa persona llena de sueños, plena de ilusiones, que tenía el mundo por delante y que, junto con su pareja, planeaba demostrarle al mundo su valor?

De pronto, un auto cruzó por mi camino a toda velocidad; estuve a punto de accidentarme, pero me concentré en el volante y me olvidé de todo.

Cuando al fin llegué a mi casa, me llevé una gran sorpresa: las luces estaban encendidas; habría jurado que las apagué, pero tal vez por las prisas, ni siquiera me fijé.

Al intentar meter la llave, me percaté que la puerta estaba abierta. El miedo y la curiosidad empezaron a apoderarse de mí; sin embargo, me arme de valor y entré. Tome un bate de béisbol y me dirigí a las habitaciones, pero no había nadie. Después, revisé la cocina. Tampoco había nadie ni faltaba nada. Al darme cuenta de que no había nadie en la casa, mi cuerpo descansó, así que decidí ir a sentarme a mi sillón favorito.

Entonces, vi algo que me dejó frío: un hombre pálido, sumamente delgado, con ojos grandes y profundos estaba ahí sentado y, al mirarme, me dijo:

—¡Hola!, ¿cómo estás?

—¿Quién eres tú? —le pregunté, haciendo caso omiso a su cuestión—. ¿Me vas a secuestrar?

—¿Secuestrar? ¿Y quién querría secuestrarte a ti? Tú ya estás secuestrado.

—¿Cómo?

—Sí, tu secuestraste el espíritu de optimismo que habitaba en ti; el pensamiento positivo que te llevaba a obtener grandes logros a pesar de no tener recursos económicos; el amor a la vida a través de los sueños con los que querías conquistar el cosmos; la ansiedad por aprender, para escalar nuevos peldaños en tu vida que te llevaran a la realización; las actitudes que te hacían reflexionar para culminar las tareas que dejabas a medias; la capacidad para soñar y prepararte en busca de nuevas metas; la aptitud que te hacía diferente a los demás. Todo eso quedó secuestrado en tu ser y no lo dejaste salir a flote. En ti sólo viven la inmundicia, la mediocridad y la envidia.

"¿Quién quiere secuestrar a alguien como tú? ¡Por favor! Tú sabes bien quién soy yo, piensa bien —contestó."

—No, no sé quién eres tú.

Una risa burlona estremeció el ambiente. Mis piernas empezaron a temblar y la voz se me escapó, de repente:

—¿T-tú-tú no eres la Mu-Mu-Muerte, verdad?

—Tu respuesta es afirmativa.

—Pero, ¿quién va a morir? ¿Vienes por mi esposa?

—No.

—Entonces, ¿vienes por alguna de mis hijas?

—No.

—No entiendo, ¿por quién vienes, entonces?

—Por ti —respondió y profirió una gran carcajada.

—Pero, yo estoy sano. Yo no puedo morirme, tengo muchos planes que cumplir.

—¿Planes, tú? No me hagas reír; ni siquiera sabes el significado de esa palabra. Tu vida es un desastre y no tienes ningún control sobre ella; realmente has sobrevivido de milagro —respondió la Muerte.

—Pero dejé a mi esposa en el hospital, tengo que despedirme de ella. ¿Quién va a cuidar de ella?

—No te preocupes —volvió a responder la Muerte—, tu esposa pronto conocerá en el hospital a un doctor que cuidará de ella y van a enamorarse. Él hará el mejor de los esfuerzos por complacerla en todo y por fin encontrará al hombre de su vida. No tendrá que luchar más para estirar el dinero de la casa y se llenará de lujos y detalles.

Ese hombre amará a tus hijas profundamente, como si fueran suyas, ya que está incapacitado para tener las propias; ellas eventualmente aprenderán a quererlo. Cuando llegue del trabajo, no se pondrá a ver la televisión como lo haces tú; jugará con ellas y las enseñará a ser mujeres de provecho, no parásitos de la sociedad que es hacia donde irían bajo tu tutela.

Tras su respuesta, rompí en llanto. La Muerte me abrazó, y dijo:
—Vamos, ya es hora de partir.
—¿Y mis amigos? —cuestioné.
—"Tus amigos" intentarán propasarse con tu esposa, pero aquel hombre se los impedirá. Se olvidarán de ti rápidamente y buscarán a otro compañero de parranda para sustituirte, otro bufón que alegre sus borracheras con sus chistes torpes, como lo hacías tú siempre.

"¡Ah!, y respecto a tu familia, por si te lo preguntabas, vas a darles un gran descanso con tu partida. Como es de esperarse, tu madre será la más afectada, le causará un gran dolor, pero con el tiempo se le pasará y se resignará. No te preocupes, tus hermanos la consolarán, platicarán sobre lo inútil que fue tu vida y servirás de ejemplo para que dos de ellos cambien de manera positiva, pues no querrán acabar como tú; otro irá a la cárcel y uno más pronto te alcanzará."

—¡Pero no he tenido ningún accidente!, ¡no estoy enfermo!, ¡soy joven! Yo no puedo morirme todavía, falta mucho por realizar. Tengo que ver crecer a mis hijas, amar a mi esposa, cuidar a mi familia, enmendar mis errores y corregir mi destino. Tengo que ser mejor, tengo que demostrarle al mundo y a mí mismo mi valor. No me lleves, por favor. Dame otra oportunidad; sólo una más, te lo suplico.

—Haz memoria —contestó la Muerte—, hace un rato tuviste un accidente. Un auto cruzó tu camino mientras pensabas, ¿recuerdas?

—Sí, claro.

—Pues ahí moriste. Tú dijiste que darías tu vida por la de tu esposa en aquella capilla, ¿te acuerdas?

—Es cierto, yo hice ese comentario.

—¿Y lo sostienes o nos llevamos a tu esposa?

—No, ni siquiera tengo que pensarlo. Mi esposa es más importante que yo para la sociedad y para mis hijas. Tienes razón, no soy más que un inútil mediocre que no ha hecho nada en la vida, que se la pasaba burlándose y criticando a los demás por sus defectos o por su forma de actuar, cuando el único acomplejado era yo. Tal vez me daba envidia que yo no podía lograr más, y ellos se desarrollaban en el trabajo.

—Qué lástima que lo reflexiones hasta ahora, respondió la Muerte. En cuanto a tu edad, recuerda que nadie es viejo para la Muerte. Yo me llevo a niños y viejos, a pobres y ricos, a hombres y mujeres, a enfermos y sanos, sin hacer distinción alguna. Es por eso que dicen: "Vive la vida intensamente hoy, porque no sabes qué pueda suceder mañana". Alguien más dijo, también: "El hombre de éxito tiene que vivir como si nunca fuera a morir".

"Ya es hora de irnos. Te daré la oportunidad de escribir una carta de despedida para tu esposa e hijas y decirles cuánto las amas."

Y empecé a escribir.

—¡No me lleves, por favor! —le suplicaba mientras escribía.

—Lo siento. Lo único que puedo hacer por ti es llevarte a dar un paseo al lugar donde se encuentran las almas que no tuvieron razón de ser en sus vidas, que se perdieron y nunca encontraron su misión existencial, porque creían que no podían crecer más.

Decidí escucharlo para ganar tiempo. Me tomó del brazo y subimos a una barca. La Muerte remaba sobre lo que parecía un lago seco que humeaba, donde había seres que se quejaban y lloraban amargamente, pues se estaban ahogando y querían salir.

—No les des la mano —me advirtió—, pueden jalarte hacia adentro y no podrás salir jamás. Lo mismo sucede en la vida: personas infames te dan la mano para arrastrarte y hundirte en el fango con ellas y nunca te permiten salir. Muchos jóvenes han caído en las drogas, la prostitución, el alcoholismo y la degeneración por seres como éstos.

Entramos a una isla oscura, muy oscura, en la cual no se veía nada; tal vez era el inframundo, pues un frío inmenso congelaba mi ser.

Alcancé a ver una botella tirada en el mar que tenía un mensaje en su interior. La tomé, saqué el papel y empecé a leer su contenido.

CÓMO FRACASAR EN LA VIDA

1. En primer lugar, no estudie. No lea libros que lo ayuden a superarse; no asista a ningún curso; no vaya a ninguna institución educativa; deje que la indolencia se apodere de usted. Total, mañana tal vez se prepare.

2. Nunca planee. Permita que la vida lo lleve por donde se le antoja; sea reactivo, le evitará la molestia de pensar por los demás; quizá después se una con otros para echarle a perder todo a aquella persona que sí planeó.

3. Piense negativamente. Culpe por su mediocridad a los demás o al destino; pase el tiempo pensando que usted no es más que una víctima de la existencia.

4. Ríase de los demás, diga groserías y grite. Búrlese cuando alguien se equivoca; aprenda a intimidar a otros; no se relacione y siga pensando que usted es mejor que las personas que han alcanzado el éxito; al fin y al cabo, sólo observará lo que los demás disfrutan y usted no tiene.

5. Olvídese de los buenos hábitos. No haga ejercicio; crea que mientras más le crece el abdomen, más *sexy* se ve; no llegue temprano al trabajo, que lleguen los que quieren quedar bien con el jefe; no lea, a menos que sean novelas baratas o pornografía.

6. Siga soñando que ganará la lotería, que lo heredará un pariente millonario que ni siquiera conoce o que se va a acabar la crisis; al fin que, mientras usted sueña, hay otros que actúan para alcanzar sus metas.

7. Beba hasta embrutecerse, para que golpee a su esposa, hijos o parientes. Fume e inhale cualquier tipo de droga, para que, bajo la influencia de éstas, cometa delitos. Verá qué pronto acaba con su vida, abandonado o en la cárcel por algún ilícito que no tardará en cometer.

8. Aprenda a ser desorganizado. Cuando sus amigos o parientes lleguen a visitarlo, permita que vean su casa sucia, las camas sin tender, la cocina llena de cochambre, la ropa tirada por todos lados. Haga lo mismo en la oficina; si lo quieren, que sea como es en realidad: ¡un mugriento!

9. Crezca con la falsa idea de que usted siempre tiene la razón. No escuche a los demás a menos que lo adulen; olvídese de la humildad y cuando digan que es un patán, pedante y egocéntrico, no se enoje, probablemente sea la verdad.

10. Jamás piense en los valores espirituales. No crea en Dios; no enseñe a sus hijos a hacerlo y verá el vacío inmenso que tendrá. Deje a un lado los valores, sólo los ridículos y falsos los siguen.

Después de estas instrucciones prepárese para que los demás lo humillen o lo vean como una persona que lo único que sabe dar es lástima, y grite a los cuatro vientos: "¡Dios, por qué me castigas con esta vida!".

Firma
Su destino

Cuando acabé de leer este manuscrito, llegamos a una isla muy extraña.

4

El sendero del secuestro

La Isla de las Gallinas

—VAMOS A RECORRER SEIS ISLAS ANTES DE LLEGAR A TU DESTINO —DIJO LA MUERTE—. EN ELLAS ENCONTRARÁS ALGUNAS razones por las cuales no tuviste éxito en la vida. Ojalá muchos tuvieran la oportunidad de reflexionar al respecto como lo vas a hacer tú.

"A esta primera isla le llamamos la Isla de las Gallinas. En ella habitan seres que no triunfaron en la vida porque nunca creyeron en sí mismos; pensaron que la vida les asignaba un porvenir determinado y que ellos no podían hacer nada para cambiarlo. De tal forma que, simplemente, se resignaban a su destino y no hacían el menor esfuerzo para cambiarlo. Por lo tanto, no se prepararon, no lucharon por sus objetivos, se conformaron con lo que el destino les deparaba y se compadecieron de sí mismos; por supuesto que culpaban a los demás de sus fracasos; es tan fácil culpar a los otros de lo que no hacemos, y creían que la gente tenía algo en contra de ellos. De tal manera que los escuchabas decir: 'yo no puedo cambiar; así nací y así me moriré', 'ya ni modo; era mi destino', 'no fui yo, son los demás, que la traen contra mí', 'a la siguiente lo hago bien', 'mañana estudio', 'mañana lo culmino', 'mañana hago ejercicio', 'mañana me pongo a dieta' o 'yo no nací para triunfar'."

Mientras la Muerte comentaba sobre los sujetos de la Isla de las Gallinas, me acordé de las diferentes etapas de mi vida que vi reflejadas en cada uno de los ejemplos que mencionó. Realmente, mi forma de pensar se ajustaba a la de los seres que habitaban esta isla. En cuántas ocasiones no culpé a mis jefes de mis fracasos y pensaba que no era de su agrado; francamente, ¿no sería que yo no me esforzaba lo necesario? Cuán cierto es el axioma que señala: "La vida es como un espejo y lo que ves en los demás, no es más que tu propia imagen, ya que a cada quien le devuelve su propio reflejo".

Y la Muerte seguía platicando:

—En la tierra se cuenta una historia de un guerrero indio que se encontró un huevo de águila, que recogió del suelo y colocó más tarde en el nido de una gallina. El resultado fue que el aguilucho se crió junto a los polluelos.

"Así, creyéndose gallina, el águila se pasó la vida actuando como éstas. Rascaba la tierra en busca de semillas e insectos con los cuales alimentarse. Cacareaba y cloqueaba. Al volar, batía levemente las alas y agitaba escasamente su plumaje, de modo que apenas se elevaba un metro sobre el suelo. No le parecía anormal; así era como volaban las demás gallinas.

"Un día vio que un ave majestuosa planeaba por un cielo despejado. Volaba sin batir sus resplandecientes alas, dejándose llevar con gallardía por los aires.

"—¡Qué hermosa ave! —le dijo a la gallina que se hallaba a su lado—. ¿Cuál es su nombre?

"—Águila, la reina de las aves —le contestó ésta—. Pero no te hagas ilusiones, nunca serás como ella.

"El águila vieja dejó, en efecto, de prestar atención. Murió creyendo que era gallina.

"Como verás, es por eso que le llamamos la Isla de las Gallinas."

—Entiendo —comenté—. ¿Y qué puede hacerse para ya no ser una gallina?

—Entender tu naturaleza —respondió.

—¿Mi naturaleza?

—Sí, claro. Para lo que fuiste hecho, para lo que naciste, tu misión existencial. Todos tenemos una razón por la cual existimos y debemos reconocer nuestra esencia para triunfar. Así como el águila que se reconoce como la reina de las aves, el ser humano debe reconocerse el rey de la naturaleza y, por lo tanto, debe cuidarla y encauzar su destino hacia el éxito.

—¿Y cómo sé cuál es mi misión existencial, mi naturaleza, para lo que nací?

—Es más fácil de lo que te imaginas. Lo primero que necesitas saber es cuáles son tus cualidades, qué cosas te gustan, te mueres por hacer y, aunque no te pagaran por hacerlas, aun así las harías. Eso determinaría tu razón de ser.

"Debes hacer una lista y anotar tus cualidades, pues éstas son las que determinarán tu destino. Al final, las personas triunfan por sus atributos, no por sus defectos; sin embargo, existe un sinnúmero de personas que todos los días trabajan en sus defectos y se la pasan criticando a los demás y a sí mismos. Así nunca llegarán a ningún lado.

"Se dice que 80% de las cosas que piensas hoy, vas a repetirlas el día de mañana; por lo tanto, cuida lo que piensas hoy, porque lo más probable es que pienses de la misma forma mañana. Es por ello que los que dejan todo para mañana nunca hacen las cosas, porque al día siguiente pensarán igual y volverán a posponerlas, y su vida se irá poco a poco hasta que se vuelvan gallinas."

—Entiendo —comenté—. Yo soy una gallina, no me había puesto a reflexionar en lo que mencionabas sobre la forma de pensar ni en mis cualidades. A mí me gustan las relaciones humanas y, por lo tanto, eso es lo que debí haber estudiado.

—Exacto —comentó la Muerte, y agregó—. Hay quien nació para pintar; otros para tocar música; otros para escribir; otros para defender; otros para organizar. En fin, lo importante es que reconozcas tus cualidades y te prepares para desarrollarlas. Recuerda que para hacer crecer tus cualidades necesitas tres cosas: *actitud*, *aptitud* y *conocimiento*.

La *actitud* es la motivación que tienes para realizar todo aquello que deseas; de tal manera que puedes tener una actitud positiva, cuando estás seguro de lo que vas a realizar y te esfuerzas para lograrlo, o una actitud negativa, cuando te desalientas y no realizas nada. La energía con la que se mueve la actitud es la motivación; de hecho, su raíz es *motivus*, que se refiere, precisamente, a la motivación. Zig Ziglar señala: "Es la actitud y no la aptitud la que determina tu altitud". ¿De qué sirve tener muchas cualidades si no te mueves para alcanzar tus objetivos?

—De nada —respondí—. Es como si tuvieras un millón de pesos en tu interior y no los gastaras. Estamos hablando de seres cuya avaricia se ha apoderado de su ser.

—¡Felicidades!, no pudiste decirlo mejor. Las personas que tienen cualidades y no las dejan salir a flote son seres mezquinos consigo mismos y guardan esas cualidades con las que fueron dotados para nadie.

"El segundo de los atributos es la *aptitud*. Su nombre lo indica 'para lo que eres apto'. Pero una aptitud no sirve sin una actitud correcta. Cuida bien tus aptitudes, ya que éstas son un ornamento en la prosperidad y un escudo en la adversidad.

"Cuando te vaya mal, apela a tus aptitudes, y éstas te darán mucho trabajo; cuando te vaya bien, te ayudarán en las relaciones humanas. Piensa bien lo que acabo de decirte.

"Y, por último, el *conocimiento*: todo aquello que te llevará a perfeccionar tu potencial y los motivos que tienes para que se cumpla. Todo lo que estudies para ser mejor, te llevará a lograr tus propósitos o metas. Recuerda que la puerta de la abundancia se abre con las llaves del saber.

"El conjunto de esas tres cosas se llama *talento*."

—Ahora entiendo —respondí—. Así que no es suficiente con tener cualidades o aptitudes, hay que tener actitudes positivas para desarrollarlas y hacerlas crecer con conocimientos. La actitud es el querer; la aptitud, el poder; y el conocimiento, el saber. Por eso muchos fracasan y se vuelven gallinas, ya que, en su intento frustrado por no lograr nada, critican y se quejan de todo, en lugar de trabajar en sus aptitudes, actitudes y conocimientos para hacer la diferencia.

—¡Perfecto! Acabas de encontrar la salida de la Isla de las Gallinas. Quien lo ha logrado, ha podido librarse de esta triste isla. Hay que trabajar para ello.

"En una ocasión, una mujer fue al concierto de un pianista muy famoso. El pianista dio un gran recital y, al terminar la función, todos se levantaron y le aplaudieron por varios minutos.

La mujer, con los ojos llenos de lágrimas, se le acercó y le dijo.

"—Maestro, yo daría la vida por tocar como usted.

"Él la miró y le dijo:

"—Señora, yo ya di mi vida. Ahora le toca darla a usted.

"¿Ahora entiendes lo que quiso decir el pianista?"

—Nunca en mi vida lo había entendido tan claramente, se lo aseguro.

—Bien, súbete a la barca. Es hora de partir a la siguiente isla.

La Isla de los Perdidos

—A esta segunda la llamamos la Isla de los Perdidos, pues aquí habitan las personas que no saben a dónde quieren ir y terminan en cualquier parte sin ton ni son: un día están en un trabajo, un día están en otro; un día están de buen humor, en un rato están de mal humor, y después están llorando. Realmente no saben adónde ir ni la razón de su existir. No tienen rumbo fijo y ni siquiera saben cómo llevar el timón de su vida. Están perdidos. La depresión constante es una de sus principales características; tienen miedo de madurar y quisieran ser siempre niños; son manipulados fácilmente por los demás, ya que carecen de carácter propio; son víctimas de abuso sexual, prostitución, extorsión, abuso en el trabajo, drogadicción, sobajadas por su pareja y otros males más. Son la presa ideal de los maleantes para realizar todo lo que quieran con ellos. Sus padres jamás los dejaron hacer las cosas por sí mismos, se entrometían en sus vidas; aun ya casados los visitaban y se metían a su casa para revisar cada cosa que tenían. Por supuesto, si les faltaba algo, se lo compraban, ya que sus hijos no podían valerse solos, había que darles una ayudadita, aunque los volvieran inútiles.

"Muchos jóvenes caen en esta isla cuando son inducidos por otros de sus compañeros o conocidos que les dicen: 'Tú dale una fumadita a esto y verás qué bien te vas a sentir. Te vas a librar del yugo de tus padres'. Muchas mujeres son llevadas a prostíbulos a través de engaños de las personas que fingen que las aman o, simplemente, las tratan bien para que caigan en su red. Un sinnúmero de personas las hacen caer en el alcoholismo para el consumo de los mercantes de los centros de vicio.

"Parece que estas personas se sienten seguras de sí mismas; creen que se comerán al mundo y que todo en la vida es fácil, de tal manera que no miden el riesgo y caen en vicios que después no los dejarán salir. Son víctimas de su inexperiencia, del exceso de confianza o del abandono o la sobreprotección de los padres."

—A mí me sucedió algo así —le dije a la Muerte—. Mis padres me sobreprotegían; en ese intento por darme todo y no permitir que su hijo tuviera problemas, no me enseñaron a solucionarlos; me envolvieron en una caja de cristal y, como lo describes, incluso después de casarme se metían en mi vida; hasta me decían cómo educar a mis hijas y qué tenía que hacer. Un día, harto de ellos, ya no quise volver

EL SECUESTRO

a verlos y un amigo me invitó un trago; cuando me di cuenta, ya nos habíamos acabado toda la botella y hasta la fecha sigo haciéndolo. A veces, los padres causan más daño a sus hijos dándoles todo que enseñándoles lo bueno y lo malo; deberían entender que su labor consiste en ser guías, no dueños de sus hijos.

—Tienes razón —comentó la Muerte—. Pero también el abandono es terrible. ¿Te acuerdas que llegabas del trabajo y no le hacías caso a tus hijas? Bueno, pues ellas serían presa fácil de la Isla de los Perdidos. Tarde o temprano iban a quedar secuestradas en esta isla.

"Recuerda que en tus manos está tu futuro. Tienes que tener más confianza en ti mismo y aprender a alejarte y desconfiar de las personas que te dan todo a cambio de nada, especialmente cuando apenas te conocen."

—¿En mis manos está mi futuro? No entiendo.

—Cierto día, los miembros de un pueblo decidieron jugarle una broma al sabio de la entidad para saber hasta dónde llegaba su sabiduría; pero no se les ocurría qué hacer, hasta que un joven pensó en una gran idea, y exclamó:

"—¡La tengo, la tengo! Tengo dos preguntas que el sabio no podrá contestar jamás.

"Todos los miembros del pueblo se acercaron para escuchar con curiosidad.

"—Colocaré una paloma entre mis manos y, luego, la pondré detrás de mi espalda para ocultarla, así el sabio no se dará cuenta. Después, le haré dos preguntas. Primero, le preguntaré: '¿Sabio, qué tengo entre mis manos?' Si adivina, después le cuestionaré si está viva o muerta.

Si responde que está muerta, se la mostraré viva, y si me dice que está viva, la mataré con mis manos, y se la entregaré muerta.

"Todos se mostraron satisfechos con esa idea. Al día siguiente, fueron todos con el sabio del pueblo y el joven le preguntó:

"—¿Sabio, qué tengo entre mis manos?

"El sabio contestó sereno y sin titubeos:

"—Una paloma, hijo.

"Sorprendido, el joven volvió a preguntar:

"—¿Está viva o muerta?

"El sabio lo miró y, con una sonrisa de ternura, dijo:

"—Pequeño, la paloma representa tus sueños, tus anhelos, tu deseo de crecer y ser mejor, tu realización, la paz y armonía en lo que siempre has deseado, representa tu porvenir. El futuro de la paloma está en tus manos."

—Hermosa historia —respondí—. Ahora entiendo que no tenía futuro y que también pertenecía a la Isla de los Perdidos. ¿Cómo se puede salir de ella?

—Simplemente, encontrando tu destino y sabiendo lo que quieres lograr en la vida. Sólo los que se atreven a ver su futuro y trabajan en él son los que lo lograrán. A esto se le conoce como *visión*.

"Séneca lo expresaba de esta forma: 'Para el barco que tiene bien definido a qué puerto quiere arribar, casi cualquier viento le es favorable'.

"De nada sirve que tengas muchas cualidades si no te ves triunfador. Sólo llegan al éxito los que se ven triunfadores en la vida. Recuerda que tú puedes atraer lo que quieres, si piensas que lo puedes lograr. El mundo actúa a tu favor cuando deseas algo fervientemente y trabajas para que se cumpla.

"En una ocasión entrevistaron a Miguel Ángel Buonarroti y le dijeron: '¡Qué grande eres, maestro! ¿Cómo lograste hacer esa estatua tan perfecta?'

"Y él contestó:

"—Fue muy fácil. No tengo ningún merito. Yo sólo vi una piedra y le quité lo que le sobraba.

"Eso es visión: atreverse a ver lo que otros no pueden. Asimismo, debes aprender a ver cuando otros quieren abusar de ti y a preguntar aunque no te quieran hablar."

—Entiendo —respondí—. Si tan sólo los que están atrapados en la Isla de los Perdidos aprendieran a confiar más en ellos, en sus cualidades, a esforzarse para culminar sus objetivos, a ponerle dirección a su vida; podrían salir fácilmente de aquí.

"Si ellos alzaran la frente y les demostrarán a los demás su valía; si aprendieran a comunicarse y a no quedarse callados; si los padres, en lugar de trabajar y trabajar y perder el tiempo, se lo dedicaran a sus hijos, salieran con ellos y platicaran sobre sus problemas e inquietudes, esta isla se acabaría por completo."

—Por eso decía el poeta: "Uno es el arquitecto de su propio destino, porque tú decides lo que quieres hacer y hacia dónde vas a dirigir tu vida". En cuanto a los hijos, Sócrates señalaba: "Pobres griegos, en lugar de trabajar día y noche para sostener a sus hijos, deberían dedicarles más tiempo". Todo es cuestión de que te lo propongas, dediques tiempo a los seres que amas y trabajes arduamente para alcanzar tus propósitos.

"La excelencia de un padre radica no en el dinero que les da a sus hijos, sino en el tiempo de calidad que les otorga. Una simple llamada por teléfono vale mucho más que miles de pesos para que se divierta en lo que quiera."

—Ahora entiendo. Perdónenme, pequeñas, ahora entiendo... cuando ya es demasiado tarde.

Y empecé a llorar, a recordar lo que no había hecho por mis hijas y a qué camino estaba dirigiendo sus vidas. Ojalá muchos padres entendieran que los malos actos u omisiones no sólo afectan nuestras vidas, sino también las de nuestros hijos. ¿Cómo es posible que el dar todo o no platicar con ellos pueda llevarlos a ser presas fáciles de la delincuencia? Es increíble cómo no fijar un rumbo a nuestras vidas o carecer de planes puede conducirnos en dirección al fracaso.

La Muerte sonrió y me dijo:

—Acabas de encontrar la salida de la isla de los perdidos. Es hora de continuar nuestro viaje; sube a la barca y sigamos con el recorrido. Y nos alejamos de aquella isla, en la que las almas eran realmente las extraviadas.

La obscuridad y los lamentos imperaban en aquel valle de sufrimiento, hasta que llegamos a la siguiente parada.

La Isla de los Temerosos

—Esta isla es de las más pobladas de todas. Se llama La Isla de los Temerosos, pues a ella llegan las personas que no realizaron nada en la vida por miedo, por temor al que dirán, al fracaso, a hacer el ridículo, a la apariencia, al nivel de preparación, a la forma en que actúa mi familia o cómo se ve, a no ser aceptado en el grupo, a no triunfar, al carácter de los demás, etcétera. En fin, no describiré todos los tipos de miedo que existen; el caso es que es increíble cómo el temor puede llevarte a ser lo que no querías ser desde un principio.

"Muchas personas le tienen pánico al fracaso, pero no se atreven a intentar nada, precisamente, por éste. Resulta irrisorio que no quieren fracasar, pero se rehúsan a intentar, y si fracasan a la primera, se deprimen y no quieren intentar más, cuando los grandes triunfadores de la historia son los que más han intentado y fracasado, pero se levantan después de cada caída y siguen insistiendo. De hecho hay quien dice: 'El hombre de éxito y el fracasado cuentan con el mismo miedo, la diferencia son las actitudes con que enfrentan ese temor. Mientras el fracasado se sienta, el hombre de éxito actúa'.

"En el beisbol, el mejor bateador no es el que se equivoca menos, es el que es 'más ponchado', como le llaman, porque intenta realizar carreras y lo logra cayendo en muchas ocasiones. El mejor goleador en el futbol no es el que tira y mete gol, sino el que intenta más veces tirar a la portería, aunque falle; lo importante es la perseverancia, aunque la gente hable mal de ti. El mejor científico es el que prueba su invento varias veces, no el que lo logra a la primera. Thomas Alva Edison, inventor de la lámpara incandescente, intentó cinco mil veces y hasta este número lo logró. En su intento número 3800 lo entrevistaron y le dijeron que era un fracasado, y él contestó que no lo era, pues había descubierto 3800 formas de no inventar la lámpara incandescente. Ésa es la gran diferencia entre un hombre fracasado y uno exitoso: el primero se lamenta de todo y no realiza nada; el segundo sigue intentando, aunque lo critiquen.

"Los fracasados, una especie en expansión, es como un virus que se propaga a través del miedo, una congoja que hace que nos paralicemos y dejemos de intentar. Debemos tener presente que en la vida nos recordarán por nuestros aciertos, no por lo que quisimos. Nos honrarán por nuestros triunfos, no por nuestras derrotas. Y los temerosos quieren, pero no se atreven; y bien podría decirse que, para poder, hay que atreverse.

"El destino de los grandes hombres no está reservado para unos cuantos; todos podemos lograrlo, si nos atrevemos a intentar. Cuántas personas no logran sus propósitos porque se dejan influenciar por la opinión de los demás, dependen totalmente de lo que se dice de ellos y su humor está supeditado a los comentarios de otros. Cuántas personas fracasan porque tienen miedo y no se arriesgan, porque se sienten inseguros para realizar lo que se proponen, aunque tengan todo el potencial para lograrlo. Cuántas personas no lo intentan porque creen que se reirán de ellos y lo único que lograrán es ser la burla de los demás, aunque tengan el talento. Cuántas personas se minimizan por su aspecto físico, posición económica o raza, ya que creen que su apariencia no es la indicada, como si el éxito tuviera imagen, color o una cantidad determinada de dinero. Cuántas personas se quejan de su poca preparación, pero no continúan su aprendizaje por su edad; los años transcurren y ya hubieran terminado algo, pero siguen quejándose toda la vida. No han aprendido a ayudarse solos, y menos a ayudar a los demás."

—Que te ayudes a ti, ¿tiene que ver con ayudar a los demás? —pregunté.

—Por supuesto —respondió la Muerte—. En una ocasión llevé a una persona al Infierno y al Cielo. En el Infierno había una mesa con personas sentadas que morían de hambre; al centro estaban los más exquisitos manjares, pero no podían comerlos. Cada uno de ellos tenía en sus manos una cuchara muy grande con la cual podían tomar la comida que quisieran, pero era tan grande, que al intentar hacerla llegar a su boca, la comida caía, así que no conseguían probar ni un bocado de esos exquisitos platillos.

"Después la llevé al Cielo. En la mesa se encontraban personas felices comiendo todo lo que querían; en el centro estaban los más exquisitos manjares y se llevaban todo a la boca. Cada una de ellas tenía en sus manos una cuchara muy grande con la cual podían tomar la comida que quisieran, pero era tan grande, que, al intentar hacerla llegar a su boca, la comida caía, por lo que la persona que estaba enfrente alimentaba a la otra y viceversa.

"Como puedes ver, se da lo mismo en el Cielo que en el Infierno, la gran diferencia es cómo se utilizan los utensilios con que te dotaron. El miedo puede llevarte a nunca utilizarlos y fracasar en la vida, buscándole el nombre que quieras a tu miedo, o te puede llevar al éxito."

—Entiendo, contesté. Yo puedo intentar vencer el miedo atreviéndome a realizar todos mis sueños, a pesar de los comentarios o, simplemente, puedo vivir con mi miedo toda la vida, justificando mis fracasos y teniendo una vida mediocre.

"La cuchara representa mis dones; en la medida que yo los utilizo en beneficio de los demás, tendré abundancia, pero cuando yo no quiera utilizar mis dones, el hambre entrará en mi casa."

—¡Exactamente! —gritó emocionada la Muerte—. Recuerda que en la vida somos dependientes, independientes e interdependientes. Cuando eres un niño, eres dependiente, porque estás supeditado a que tus padres te alimenten y te eduquen. Eres independiente cuando tú eres tu sostén físico, mental, emocional y económico. Eres interdependiente cuando entiendes que tu futuro va relacionado con los demás y, en la medida en que tú ayudes a tus semejantes, ellos te ayudarán a ti.

Y agregué:

—El miedo se disuelve intentando, aunque los demás hablen mal de ti, y se esfuma en la medida en que ayudamos a los demás. Ahora entiendo por qué siempre tenía problemas en mi trabajo. Yo hacía como que trabajaba y si no me daban más trabajo, me daba igual, por lo que dejaron de confiar en mí, pues no existía en mi ser la interdependencia, hasta que llegaba el momento en que mejor prescindían de mis servicios, y con toda razón. Por eso, un gran pensador decía que "quien no vive para servir, no sirve para vivir".

"Y en mi hogar era algo parecido. Mi egoísmo fue acabando con mi matrimonio; yo sólo pensaba en mí y, lo peor, es que así estaba educando a mis hijas. Ahora entiendo que la mejor herencia que podemos dejar a nuestros hijos son los principios correctos y la ferviente idea que no deben temerle a nada en la vida, que hay que enfrentar los temores. Lo peor que puede suceder es que fracases, pero eso no significa que estés derrotado. Debes levantarte y seguir intentando hasta lograr todo lo que propongas, para aprovechar los dones con los que Dios te dotó. Cuando vences tus temores visibles, te vuelves invencible."

—Perfecto, veo que ya encontraste la salida de la Isla de los Temerosos. Sólo quiero agregar que siempre debes preguntarte, para enmendar tu destino: ¿en dónde estoy?, ¿hacia dónde voy?, ¿cómo llegaré?

"No puedes subirte a un avión que no sabes hacia dónde va, primero tienes que definir qué es lo que quieres; tienes que darle dirección a tu vida, es decir, determinar cuáles son los pasos que tienes que dar para lograr tus propósitos. ¿Quieres terminar la universidad? Antes tienes que culminar el bachillerato. ¿Quieres ser un profesional?

Antes tienes que ser profesionista y *amateur*, y eso te indicará cómo llegar, en qué tiempo, para qué fecha y en qué lugar.

"Recuerda: la única diferencia entre un sueño y una realidad es una fecha y un lugar. Todo lo que hagas en la vida tiene que tener fecha y lugar. De lo contrario, todo quedará en una ilusión, en una quimera, en una ficción. No tengas temor, intenta e intenta.

"Es hora de que te subas a la balsa para que conozcas la cuarta de las islas del secuestro. Deja enterrados aquí todos tus temores y olvídate de ellos. Si observas, en esta isla hay tumbas y, curiosamente, pertenecen a las personas que han salido de ella, porque enterraron todas las cosas que no los dejaban ser.

"Allá, en la Tierra, los hombres deberían hacer una lista con todas las cosas que no los han dejado ser felices, trabajar para eliminarlas una a una y, cuando la lista estuviera totalmente tachada, enterrarla en un lugar y visitarlo de vez en cuando, para recordar aquello que no deben volver a hacer."

Y así, nos fuimos, dejando en el olvido esta extraña, pero muy visitada isla.

❦ La Isla de los Perezosos ❦

ASÍ, LLEGAMOS A LA CUARTA ISLA. LA MUERTE COMENZÓ SU EXPLICACIÓN INMEDIATAMENTE.

—A esta isla le llamamos la de los Perezosos, porque a ella llegan personas que, por comodidad, no hacen nada para salir de sus problemas; simplemente son meros espectadores de lo que sucede en la vida. De hecho, la pereza es considerada un pecado capital y es uno de los mayores males que ha llevado a la humanidad al fracaso. Dicen que la pereza viaja tan despacio, que la pobreza no tarda en alcanzarla. Sobra decir que los perezosos culpan a la mala suerte por sus calamidades, pero nunca hacen nada para remediar sus problemas. Hay quienes señalan que la suerte jamás llegará a los perezosos, pues la suerte es la conjunción de la preparación y la oportunidad.

"Los perezosos son personas inútiles dominadas por este mal; usualmente buscan pretextos para justificarlo, como enfermedades, la edad, su falta de preparación o, como acabo de decirte, la mala suerte. Por lo regular, siempre vagan y pierden el tiempo sin ton ni son, hablando sobre lo que acontece a los demás en vez de estudiar; la televisión los domina y nunca faltan a las fiestas, pero no ayudan en nada. El resultado: un verdadero fracasado.

"La pereza está antes que la pobreza, hasta en el diccionario. La pereza es uno de los peores males que existen, de esos que te carcomen y acaban contigo lentamente. En una ocasión, el Diablo estaba en una venta de *garage* en la que ofrecía todos los males que existen en la sociedad a precios de remate. Los grandes delincuentes y demonios del mundo acudieron a esa gran barata. Uno encontraba a precios atractivos la lujuria, la gula, la avaricia, el miedo, etcétera. Uno de los compradores se dedicó a ver entretenido cada uno de los males y los precios de éstos y se dio cuenta de que el más caro de todos era la pereza. Curioso, se acercó al Diablo y le dijo: 'He examinado cada uno de los males que estás vendiendo y me doy cuenta de que el mal más caro es la pereza. ¿Por qué cuesta tanto?'.

"El Diablo le respondió: 'Porque a través de él me apodero del cuerpo de todos los hombres, provocando que no hagan nada en sus vidas, destruyéndolos lentamente y provocando toda clase de conflictos en sus hogares'.

"Recuerda que los perezosos hablan todo el tiempo de lo que piensan hacer, de lo que lograrán y de cómo van a triunfar en la vida. Los que de verdad trabajan para hacer algo no hablan, sólo actúan. Mira, las dificultades son hijas de la pereza, porque los problemas siempre emergen cuando dejas de hacer las cosas.

"La gente perezosa llega tarde al trabajo todos los días, si es que trabajan; no terminan sus labores, todo lo dejan para mañana y son los últimos en llegar y los primeros en irse. No se preparan ni estudian para progresar en el trabajo; por lo regular ocupan el mismo puesto durante el tiempo que permanecen o hasta que los corren; no son capaces de tomar retos y, mucho menos, ayudar a sus compañeros y, en lugar de convivir con su familia, les inventan pretextos para llegar tarde. Obviamente nunca juegan con sus hijos y prefieren ver la televisión que platicar con los suyos. Cuando algo sale mal, son los primeros en gritar: '¿Qué mal habré hecho, Dios mío, para que me castigues así?'. Si nunca charlan con sus hijos, ¿cómo iban a enterarse de los pasos en los que andaban?

"Los perezosos son gente ruin y mezquina y ególatra; si se preocuparan más por los demás, seguramente su vida sería otra."

Mientras escuchaba a la Muerte, recordé cada una de las escenas de mi vida. ¡Parecía que estaba contando mi historia! Me invadió la vergüenza y la Muerte se percató.

—¿Estás avergonzado, verdad?

—Sí —contesté.

—Te entiendo —dijo la Muerte—. El problema para ustedes, los perezosos, es que ya cuando se sienten avergonzados, es porque el mal ya causó estragos. Se dice que la pereza no es más que el hábito de descansar antes de estar cansando. Piensa esto: donde acaba la pereza, la prosperidad empieza; la pereza y el fracaso van de la mano.

—Tienes toda la razón —respondí—. Y, ¿qué puedo hacer?

—Contra la pereza existe la presteza. La presteza es la celeridad con que realizas las cosas. No dejes nada para mañana, realízalo hoy; ponte metas y objetivos diariamente y lucha para que se hagan realidad, para que se cumplan. Cuando tengas un objetivo, ponle fecha y lugar. Un sueño sin fecha es solamente un sueño, pero un sueño con fecha es una realidad. Planea tu vida y tu tiempo. Un día tiene veinticuatro horas: ocho las utilizas para dormir, ocho para trabajar, ¿qué vas a hacer con las ocho horas restantes? Piensa claramente en lo que quieres, qué tiempo vas a dedicarle a tu familia, cuánto a tu preparación y, si quieres, cuánto a tu ocio. Descansar cuando se requiere no es malo.

"No dejes que la televisión o tus amigos te saquen de tus objetivos. Reflexiona lo siguiente: realiza aquello que te aburre y no te gusta hacer. Resulta irónico que las cosas que no te gusta hacer son las que más te benefician."

—Es cierto, contesté. No me gusta leer, prefiero la televisión; pero leer es beneficioso, pues así seré más culto. No me gusta caminar, prefiero descansar; pero el ejercicio es primordial en la vida. No me gusta comer sanamente, prefiero la comida chatarra; pero una dieta balanceada me ayuda a tener un cuerpo saludable. No me gusta trabajar, prefiero perder el tiempo; pero sólo así es como voy a progresar.

"Ahora veo realmente la importancia de hacer a un lado la pereza en tu vida, ya que nubla tu mente y empobrece tu alma. También te empobrece económicamente. Es triste ver cómo los malos hábitos juegan un papel preponderante. Acostumbramos a nuestros hijos a no hacer nada, a no cumplir, a dejar todo para después y mañana sufrirán las consecuencias, pues los hemos dejado cargar ese enorme y pesado bulto llamado *pereza* sobre sus hombros toda la vida; con el pretexto del amor que les tenemos, queremos que no hagan nada, como si fueran princesas o príncipes."

—Ahora entiendo más claramente. La pereza va creciendo con nosotros en nuestra forma de vida. Por eso, algunas naciones progresan rápidamente y otras siguen sin progresar con el paso de los siglos. A esas naciones las ha secuestrado la pereza y, lo peor, es que no se han dado cuenta, al contrario, la justifican y se burlan de la presteza de los otros, a través de frases populares como: "si el trabajo es salud, que trabajen los enfermos".

—Efectivamente, tienes toda la razón. En los países llamados *tercermundistas* (que no creo que existan; lo que existe son personas con ideas de tercer mundo, que es distinto), existe algo que se llama el *error cultural de los valores*.

—¿El *error cultural de los valores*? —pregunté.

—Sí, así es —contestó la Muerte.

Error cultural de los valores

El error cultural de los valores es la falsa interpretación que le hemos dado a los valores. Éstos han estado presentes desde los albores de la humanidad. Para el ser humano siempre han existido cosas valiosas, como el Bien, la verdad, la belleza, la felicidad o la virtud. Los valores cambian su importancia de acuerdo con las tradiciones o costumbres de cada pueblo. La belleza es el valor principal para unos, la verdad para otros. Un valor es una cualidad —del latín *qualitas, -atis,* que también es la raíz de la palabra *calidad*—, y entre más cualidades tengamos en nuestra vida con más facilidad vamos a salir adelante; los valores te llevan a la perfección y a la excelencia. Existen valores religiosos —Dios—, morales —bondad, felicidad, ética—, estéticos —belleza—, intelectuales —verdad, sabiduría, razón, autorrealización—, afectivos —amor, placer—, físicos —salud, bienestar—, económicos —riqueza, comodidad—... En fin, podemos agregar muchos más: perseverancia, empatía, bondad, lealtad, comprensión; el grave problema es que en una sociedad con déficit de valores se deforma el valor y es cuando se cae en el error cultural de los valores.

Así, en muchos países con pobreza cultural de valores, la gente suele enaltecer a quien se enriquece con el dinero del pueblo: "Mira cómo triunfó tu pariente. Fue más listo que los demás y le sacó una gran tajada al gobierno", cuando, en realidad, deberían avergonzarse de esa persona y tacharlo de ladrón.

Al empresario que no paga impuestos lo felicitan, porque es un genio y logró librarse de ellos, aunque sus empleados no tengan acceso a la seguridad social o los contrate por honorarios, y dicen: "Es un gran empresario", cuando no es más que un estafador que se aprovecha de la debilidad de la ley, pero aún más de la debilidad y necesidad de la gente.

Al que logra acceder a una concesión del gobierno con un soborno, lo señalan como una persona astuta, pues ha logrado mucho más que los demás, cuando no es más que un embaucador sin escrúpulos que no se atreve a competir honestamente… ¿Qué más puedo decirte sobre los que se prestan para ese tipo de abusos?

El que logra librarse de una multa o una infracción con una extorsión o paga para adelantarse en la fila se cree más listo que todos los que tienen la educación de formarse y, ¿qué puedo decirte de los que se meten hasta adelante de la fila de automóviles, pues no quieren formarse? Todos esos tramposos son enemigos de la nación y, principalmente, de nuestros hijos, ya que son los que van a enseñarles "tranza y avanza", "vele la cara a los demás", "el que soborna es más listo que los otros", en fin, los antivalores que deformarán a la sociedad y que van a crear una cultura como la de los países que mencionaba.

Y después se preguntan: ¿por qué países como Japón crecen más rápidamente que el nuestro? No entiendo. ¿Por qué los extranjeros son mejores? Simplemente, porque han acabado con esa forma de pensar, esa cultura; piensan y actúan de manera diferente.

En ellos, cada quien paga lo que tiene que pagar y cada quien espera lo que tiene que esperar. No se aprovechan de los demás, trabajan en conjunto y saben que todos dependemos de todos.

—Todo resulta más claro ahora —le contesté a la Muerte—. Es como el refrán que dice: "árbol que crece torcido, jamás su tronco endereza". Tenemos que acabar con el error cultural de los valores y enseñarle a nuestros hijos que sí podemos cambiar, que sí podemos ser distintos, que sí podemos actuar de manera diferente.

"La maestra debería predicar con el ejemplo, y si habla de respeto, no debe gritar ni intimidar a sus educandos. El papá debería hablar con sus hijos, más que exigirles. El adulto debería respetar al niño, para que el niño lo respete a él cuando sea adulto. La corrupción empieza en el hogar y termina con el error cultural de los valores.

"La pereza nos lleva a la pobreza y teje sus redes lentamente en mieles suculentas de los ideales; el error cultural de los valores nos lleva a engrandecer al que no se lo merece por sus malos actos y a criticar a quien trabaja y se esfuerza para alcanzar sus logros y, muchas veces, hasta demeritamos los esfuerzos de los grandes emprendedores diciendo que es un matado, que tuvo suerte, que es un tonto o que fue o es un *nerd*. No critiques al *nerd* de tu escuela, porque podría llegar a ser tu jefe. En lugar de reconocer su labor, para que nuestros hijos los imiten y se esfuercen, seguimos con la cultura en la que el fracasado critica al exitoso para esconder su mediocridad.

"Hay que acabar con la pereza, que es la cuna donde se mece el error cultural de los valores."

—Perfectamente —contestó la Muerte—, ésa es la salida de esta isla y cuando la gente se dé cuenta de ello, los países con ideas del tercer mundo se habrán acabado. Vamos, es hora de que conozcas la quinta isla.

La Isla de los Mediocres

—ÉSTA ES LA ISLA DE LOS MEDIOCRES O DE LOS "A'I SE VA", PORQUE TODO LO HACEN A MEDIAS, MÁS O MENOS O AL "A'I SE VA". No terminan nada de lo que empiezan, sus proyectos se quedan a medias, y a medias son sólo sueños.

"No pueden hacer nada completo ni bien. Su pensamiento es tan limitado como lo son sus acciones. Como en otras islas, justifican su comportamiento culpando a los demás por todos sus errores —su deporte nacional—, o bien, se quejan de que no tuvieron alguien que los apadrinara o ayudara a salir adelante y que es su mala suerte la que no los deja progresar.

"Evidentemente, nunca se preparan ni buscan hacer bien sus actividades o hacer más; se conforman con lo que tienen y todo lo hacen a medias; por lo tanto, existen muchas deficiencias en su trabajo, porque no les interesa saber cómo se hacen las cosas bien. También son 'víctimas' del trato de los demás: cuando sus jefes los felicitan, son los seres más felices del mundo, pero cuando les llaman la atención, les amargan el día y el de todas las personas que dependen de ellos, pues nadie los aguanta.

"Están deseosos de ser reconocidos, pero no se esfuerzan por lograrlo. Su mediocridad los mata silenciosamente y no los deja ser felices. Lo raro es que quieren progresar, pero no ponen empeño, aunque sus seres queridos los aconsejen. La gente se queja de su trabajo y constantemente se los devuelven, y si se los pagan, no acuden a ellos otra vez, pues están convencidos de que no hacen nada bien.

"La mediocridad no distingue sexo ni edad, pero sí posición económica. Los que tienen mucho dinero saben que es un lujo que no se pueden dar: sirves bien o no sirves; y los que no sirven, no tienen cabida en ningún lado."

—¿Acaso no hemos sido todos mediocres en alguna etapa de nuestras vidas? —pregunté.

—Es cierto —respondió la Muerte—, pero hay que quitar las piedras del camino y encontrar el sendero de la perfección.

Y comenzó a contar una historia.

—Hace mucho tiempo, un rey colocó una gran roca que obstaculizaba un camino. Después se escondió para ver si alguien la quitaba. Algunos de los comerciantes más adinerados del reino y varios cortesanos pasaron por el camino y, simplemente, le dieron una vuelta;

muchos culparon al rey por no mantener los caminos despejados, pero ninguno hizo algo para sacar la piedra del camino.

"Entonces, llegó un campesino que llevaba una carga de verduras. Al aproximarse a la roca puso su carga en el piso y trató de mover la roca hacia un lado del camino. Después de empujar mucho y fatigarse, pudo lograrlo.

"Mientras recogía su carga, vio una cartera en el suelo, justo donde había estado la piedra. La cartera contenía muchas monedas de oro y una nota del rey, en la que decía que el oro era para aquel que removiera la piedra del camino.

"El campesino sabía algo que los otros nunca entendieron: 'cada obstáculo presenta una oportunidad para mejorar tu condición y salir de la mediocridad'.

"La gente mediocre no quita las piedras del camino; es conformista y las esquiva, pues no quiere trabajar de más. No se esfuerza demasiado y, por lo tanto, no existirá la recompensa que lo saque de su conformismo.

"Van Gogh señalaba: 'A medida que avanzamos en la vida, ésta se vuelve más y más difícil, pero es combatiendo las dificultades que se desarrolla la más profunda fortaleza del corazón'. Por su parte, Mark Twain decía: 'Aléjate de la gente que intenta reducir tus ambiciones. La gente insignificante hace eso siempre, pero las personas verdaderamente excelentes te hacen sentir que tú también puedes serlo'. Retomando estas palabras, yo te digo: aléjate de la mediocridad y de los que hacen que caigas en este mal hábito, y en la medida que te atrape el conformismo, trabaja, estudia y esfuérzate más para alcanzar todos tus sueños."

—Es cierto —interrumpí—, la mediocridad es un hábito y constantemente repetimos esa forma de actuar. Eso fue lo que me condujo a acabar con mi familia, a destruir mi matrimonio y a no tener ambiciones en la vida. Es como una enfermedad silenciosa que nos carcome y que impide que saquemos lo mejor de nosotros mismos.

"Ahora entiendo por qué no progresaba en mi trabajo, por qué no duraba en ninguno de ellos y nunca me consideraban para los ascensos. Seguramente, mis malos hábitos me alejaban cada día más del éxito. Hace tiempo, alguien me dijo una frase que no olvidaré: 'Aspira a la perfección en todo, aunque sea inalcanzable. Los que la persiguen y perseveran se aproximarán más a ella que aquellos cuya pereza, mediocridad y desaliento los hacen abandonarla por inalcanzable'.

"Es verdad, nunca aspiré a la perfección, nunca me preocupó ser un excelente empleado o directivo, ser un gran esposo, ser un padre formidable, ser un maravilloso discípulo de Dios, y al no hacerlo, estaba ahogándome en el mar de la mediocridad.

"Cuando era pequeño, mi padre solía contarme la historia de un apache que soñaba con matar a la luna con sus flechas. Nunca lo logró, pero era el apache que lanzaba las flechas más alto. Entiendo ahora esta historia claramente; lo que quiere decirnos es que aspiremos a la perfección en todo, aunque no lo logremos; que luchemos porque nuestros sueños se hagan una realidad y que nos esforcemos por ser los mejores en nuestro trabajo; probablemente no vamos a lograrlo, pero siempre aspiraremos a grandes cosas, a grandes sueños, a grandes anhelos.

"¡Qué ciego estaba con la mediocridad! Es como una venda que le ponen al secuestrado para que no vea a sus secuestradores. De alguna forma es la que nos pone la mediocridad para no ver más allá de nuestras limitaciones, mismas que vivirán mientras nosotros sigamos sumergidos en el conformismo que nos hunde día a día.

"¡Ya basta, estoy harto! ¡Estoy harto de las guerras! No dejan más que odio, hambre, muerte y tristeza a su alrededor. En ellas no existe un ganador; todos pierden de alguna forma.

"¡Estoy harto de los políticos sin escrúpulos! Utilizan sus puestos para enriquecerse, en lugar de preocuparse por su nación, por su pueblo, que los llevó al poder y confió en ellos.

"¡Estoy harto de los empresarios deshonestos! Explotan al trabajador y, con una sonrisa hipócrita, esconden sus verdaderos sentimientos. No se interesan por nadie, sólo por ver acumulada su fortuna.

"¡Estoy harto de los policía corruptos! Por unas cuantas monedas serían capaces de vender su propia alma.

"¡Estoy harto de todos los delincuentes y de aquellas personas que se dedican a hacer el mal! Despojan de sus bienes a quien tanto trabajo le costó ganárselos; matan por medio de las drogas a los jóvenes con excelente futuro; explotan el cuerpo de otra persona; extorsionan y, en fin, cometen un sinnúmero de ilícitos.

"¡Estoy harto del mediocre! Limita a su familia con sus acciones y vuelve a sus hijos igual que él, entorpeciendo el futuro de aquellos que merecen todo en la vida.

"Por eso, me revelo, y colérico, grito: '¡estoy harto!'

"Pero me doy cuenta que yo soy responsable de lo que sucede a mi alrededor. ¿Cuántas veces no comencé la guerra con mis familiares, amigos y compañeros de trabajo en lugar de perdonarlos? ¿Acaso no fui yo quien voté por los políticos o me abstuve de hacerlo? Si me hubiera preparado más, si hubiera estudiado más, si fuera más perseverante, no habría caído en la mediocridad. ¿Cuántas veces no he sobornado a un policía, en lugar de dejar que me levante una infracción? Ya es hora de tener en regla mis documentos. En cuanto a los delincuentes, yo elegí a los que crean las leyes para castigar a esas personas. Tengo que cambiar, ser mejor, perseverar, enseñar valores excelentes a mis hijos, estudiar y luchar para mejorar día a día y, así, cambiar las cosas de las que estoy harto."

—¡Felicidades! Precisamente lo que acabas de decir es la salida de la Isla de la Mediocridad. Cuando estamos hartos de nuestras vidas y enmendamos nuestro camino, éste nos conducirá al sendero del éxito; entonces, nos alejaremos de este mal llamado *mediocridad*.

La Isla de los Viejos

—Bien, hemos llegado a la sexta y última isla: la Isla de los Viejos —señaló la Muerte—. Como su nombre lo indica, está llena de ellos.

Rápidamente observé a la gente y me di cuenta de que no todos eran viejos, y aclaré:

—No entiendo, veo a mucha gente que no es vieja…

La Muerte sonrío.

—Te voy a contar la historia del viejo joven y el joven viejo. En cierta ocasión, un viejo, que gustaba del deporte y destacaba por ser alegre, dicharachero y amante de la vida, le pidió a su esposa que lo acompañara a correr. Ella no accedió a su petición, argumentando que estaba muy cansada. El viejo volvió a insistir, pero obtuvo otra negativa como respuesta. No se dio por vencido, así que le dijo a su esposa:

"—Mi amor, siempre debe haber tiempo para el ejercicio, cualquiera que sea tu edad. Debes romper con la monotonía de la vida para que ésta siempre sea emotiva. Observa el cielo; se ve nublado, pero aun así debemos gozarlo. Y si llueve, ¡qué importa!, hay que dejar que la lluvia acaricie nuestro rostro. Nunca sabremos cuándo podremos volver a tener esa agradable sensación.

"—Mi amor —respondió ella—, eres un viejo joven.

"—Recuerda, la juventud se lleva en el corazón, no en los años —contestó.

"—Es cierto. Pero tengo una idea: ¿por qué no invitas a nuestro vecino a correr contigo? A ese muchacho debe gustarle hacer deporte, es muy joven, y seguramente será un buen acompañante.

"El viejo estaba de acuerdo. Era una gran idea y se dispuso a invitar a un nuevo amigo. Al llegar a la casa de los vecinos, vio al joven sentado en una hamaca y lo saludó:

"—¡Hola!, soy tu vecino. Mucho gusto.

"El joven, un tanto displicente, le contestó cansado:

"—Hola... —y levantó ligeramente la mano izquierda.

"Entonces, el viejo lo invitó a correr, pero él respondió:

"—No, para nada, tengo muchas cosas que hacer —aunque se encontraba acostado en la hamaca—. Además esta ciudad es muy peligrosa y pueden asaltarnos. No necesito hacer ejercicio, tengo diecisiete años y estoy muy cansado. Estoy fastidiado de la vida; todo es muy monótono. Por otro lado, está nublado el cielo y, ¿qué tal si llueve? Podemos mojarnos y, después, viene el resfriado, la fiebre y todos los males que esto ocasiona. Además, tardaremos más en llegar al parque que en hacer ejercicio. Definitivamente, yo no nací para eso.

"Tras su respuesta, el viejo dio las gracias y regresó desilusionado a su casa. Su esposa, extrañada, lo observó volver.

"—¿Qué pasó? ¿No ibas a hacer ejercicio con el vecino? —preguntó.

"—Por primera vez, en mis setenta y dos años, conocí la vejez y nunca pensé que llegara tan pronto."

La Muerte agregó:

—Como puedes ver, no importa que tengas dieciocho o sesenta y cinco años, la juventud y la vejez no se llevan en el cuerpo, se conservan en el corazón. Existen muchos jóvenes viejos que no quieren realizar nada en la vida y que, a pesar de su juventud, se dieron por vencidos y la vejez los alcanzó anticipadamente. Son esos jóvenes que ves ahí, vagando en la Isla de los Viejos; aquellos que no tienen ningún sueño, que no tienen esperanzas y que se sienten derrotados.

"A estos jóvenes todo les parece fácil y no se esfuerzan por nada; su actitud pesimista los ha llevado a compadecerse hasta de ellos mismos. Saben que están mal y lo reconocen, pero no realizan el menor esfuerzo por salir de esa monotonía. Al igual que el resto de los casos de las demás islas, culpan a los demás por todas sus frustraciones y fracasos, y sus padres, si es que los tienen, los apoyan e, incluso, los justifican.

"Pero hay otros que también están en la Isla de los Viejos: aquellos que creen que los tiempos pasados fueron mejores y todo lo sitúan ahí, para demostrar que no pueden, pues no se atreven a enfrentarse a la realidad, ni quieren experimentar un cambio de paradigmas en su forma de pensar.

—¿*Para*... qué? —pregunté.

—*Paradigmas* —contestó la Muerte—. Un paradigma es un modelo o patrón de conducta. "Siembra un pensamiento y cosecharás una acción; siembra una acción y cosecharás un hábito; siembra un hábito y cosecharás tu carácter; siembra tu carácter y cosecharás tu destino."

"Tu manera de pensar y lo que haces cotidianamente determinarán tus acciones, de tal manera que si piensas de una forma, difícilmente cambiarás tu manera de ser. El problema viene cuando tu manera de pensar es incorrecta o no se adapta a los cambios.

"Te contaré un cuento gracioso. Un día, un hombre perdió una llanta en el camino y quedó varado en una carretera frente a un manicomio. Rápidamente tomó la llanta de refacción y se dispuso a ponerla, pero se dio cuenta de que no tenía birlos y pensó: 'Y, ahora, ¿cómo le voy a hacer?'. Pasó una hora y no encontraba respuesta.

"Uno de los locos del manicomio, que advirtió su situación y lo estaba observando, lo llamó. El hombre pensó: '¿Cómo un loco me va a dar la respuesta? No le voy a hacer caso'.

"Pasaron dos horas sin que nadie pudiera ayudarlo y el loco volvió a llamarlo, pero él siguió ignorándolo.

"Pasaron tres horas y seguía sin conseguir ayuda. El loco intentó una vez más. Esta vez, el hombre por fin accedió a escucharlo y se acercó. El loco le dijo:

—Oye, ¿por qué no le quitas un birlo a cada una de tus otras tres llantas y se los pones a la cuarta? Así podrás llegar a tu destino.

"Y el hombre contestó: '¡Es cierto! De esa manera podré salir'. Y, volviéndose al loco, le dijo: 'Oye, tú no estas loco'.

"Y él contestó:

"—Sí, estoy loco, pero no soy tonto."

La Muerte soltó una carcajada.

—Eso pasa con los viejos —dijo—. No quieren pensar, se aferran al pasado para no poner a trabajar su cerebro en el presente, el futuro les aterra y no se quieren adaptar a él.

—Entiendo —le dije a la Muerte—, yo también era un viejo, no me esforzaba por nada, no quería estudiar ni prepararme, me daba flojera todo, tenía miedo al cambio, aunque constantemente me estaban cambiando. Mis padres me decían que el pasado era mejor, que ya nada es como antes y aprendí a hacerme viejo.

"Entiendo que esto también nos sucede a los que creemos que nacimos pobres y que ya no podemos aspirar a nada más, cuando lo que se necesita es luchar para alcanzar tus objetivos.

"Entiendo que esto sucede en los países tercermundistas, pues creen que no se puede salir adelante, cuando lo que tienen que hacerse es cambiar la mentalidad, pensar joven y luchar siempre por un país mejor.

"Entiendo que esto sucede con los que tenemos prejuicios, es decir, hacemos un juicio antes de ver la realidad, que puede ser muy diferente a lo que creemos.

"La única manera de salir de esta isla es enterrando todas las cosas que nos han impedido realizarnos; es dejar a un lado la apatía, el conformismo, la indiferencia, la gula, la falta de preparación, los malos hábitos, las malas actitudes, y luchar por quitarnos de encima a ese viejo que nos impide movernos velozmente para alcanzar todos nuestros sueños."

La Muerte comenzó a aplaudir y yo me quedé dormido mientras escuchaba su ovación.

5
El despertar del secuestro

DE REPENTE, ALGUIEN TOCÓ MI HOMBRO Y BRINQUÉ ASUSTADO.

—Papito, papito, mi mamá ya despertó. Ven, te quiere ver.

Era una de mis hijas, que trataba de despertarme.

Empecé a llorar. No lo podía creer. Me veía muerto y secuestrado con todos los problemas y defectos que había cargado en el transcurso de mi vida.

Abracé con una inmensa ternura a mi hija y, por primera vez después de muchos años, le dije: "Te amo, pequeña; te quiero con todo mi corazón".

Ella sólo me abrazó y me llenó de besos.

Al voltear hacia la mesa, me di cuenta de que lo sucedido no había sido un sueño, era verdad. Ahí estaba la carta que había escrito y un viejo pergamino que decía lo siguiente:

Querido hijo:

A ti, que tienes secuestrado tu potencial, te escribo esta carta y te voy a dar otra oportunidad para que te realices, porque tengo fe en que podrás liberar todas tus capacidades y demostrarle al mundo tu grandeza.

Te llevé a visitar seis islas que representan los males más perjudiciales para los hombres y su significado. Pero, también, al conocer el mal, podrás conocer el bien y el sendero a la gloria.

¡Despierta! ¡Despabílate! Todos podemos ser mejores. El mundo no fue hecho para unos cuantos. La grandeza del éxito no fue reservada sólo para algunos, tú puedes alcanzarla. Tengo fe en ti. Lucha por tus sueños y logra la felicidad con los seres que amas.

Te dejo mi pergamino. Disfruta la vida y llénate de dicha.

Pergamino del éxito

1. Ten fe en ti y en tus posibilidades. Nunca pierdas la esperanza por ser mejor; prepárate para alcanzar tus metas y jamás cedas en tu empeño por alcanzar tus objetivos; demuéstrale al mundo tu grandeza y ve en pos de tus sueños.

2. Traza tu camino por la vida. Visualiza claramente en dónde estás, hacia dónde vas y cómo llegarás; lucha fervientemente por alcanzar tus objetivos. Trata de ser el mejor en que lo hagas, no importa qué tan trascendente o vano sea. Lo importante es que siempre pretendas ser el mejor.

3. Intenta realizar tus anhelos. Todos tenemos miedo, nadie está exento de él; pero sólo los que triunfan logran vencerlo, y sólo los que vencen dominan el miedo. Sirve a tu cónyuge, a tus hijos, en tu trabajo, como persona; sirve a la gente adecuadamente y encontrarás el sendero para acabar con este sentimiento.

4. No dejes que la pereza se apodere de ti. Termina todo lo que empiezas. Deja que la presteza sea el mástil que enarbole tu nueva personalidad, y cualquier tarea que realices, llévala a su fin lo antes posible.

5. No dejes nada a medias ni permitas que tus sueños se queden a la mitad. Tu pensamiento, acciones y virtudes deben ser grandes y tus conclusiones deben seguir el mismo camino. Lucha incansablemente por terminar aquello que iniciaste.

6. Piensa joven. Siempre busca una solución para cada problema y no encierres un problema en cada solución. En tu pensamiento siempre debe haber un halo de optimismo que te lleve a una conclusión satisfactoria y, cuando no sea así, déjalo para cuando tu mente esté serena.

7. Prepárate todos los días con las aptitudes, actitudes y conocimientos que te permitan dar el paso que requieres para crecer y alcanzar tus logros.

8. Cuando seas presa del desaliento, sueña y mírate triunfador. Ve claramente cómo alcanzas tus objetivos y date otra oportunidad. No importa que sean una, cien o cinco mil veces las que tengas que volver a intentarlo. Cuando te sientas mal, realiza nuevamente este ejercicio.

9. Recuerda, tú eres lo que piensas y lo que piensas viene a ti con gran precisión. De tal manera que si piensas que no lo vas a lograr, no lo lograrás; pero si piensas que puedes, acertarás.

10. Sé agradecido con todos aquellos que te han permitido trascender. Haz una oración por aquellos que te ayudaron y que no están contigo, pero, sobre todas las cosas, nunca te olvides de Dios.

Mi hija, al verme llorando, me preguntó:

—¿Qué tienes, papito?

—Nada, mi amor —contesté—. ¿Sabes?, Dios me dio otra oportunidad para disfrutarte a ti, a tu hermanita y a tu mami.

Al llegar al hospital, mi esposa me abrazó sin reprocharme nada. Le pedí perdón y perdoné mis errores. Ahora sí estaba dispuesto a cambiar y, sin decir una sola palabra, me puse a trabajar y a quitarme las vendas del secuestro.

***¡Éste es un buen momento
para demostrarle al mundo tu valía!***

❦ *Créditos* ❦

La reflexión de la chica que se muere en un accidente automovilístico se llama *Suelta las llaves* y de autor anónimo.

Índice

Agradecimientos	7
Introducción	9
1. La vida de los mediocres	12
2. Lo que empieza mal, termina mal	22
3. El secuestro	36
4. El sendero del secuestro	52
La Isla de las Gallinas	53
La Isla de los Perdidos	64
La Isla de los Temerosos	75
La Isla de los Perezosos	86
La Isla de los Mediocres	101
La Isla de los Viejos	112
5. El despertar del secuestro	122
Pergamino del éxito	125
Créditos	130

Enrique Villarreal Aguilar es licenciado en Derecho egresado de la Universidad Nacional Autónoma de México, además de que ha cursado un sinnúmero de diplomados en Mercadotecnia y Ventas y Superación por más de veintitrés años. También ha participado y ha dirigido diversos seminarios sobre estos temas y escuela para padres, calidad en el servicio, ventas o excelencia directiva y mercadotecnia, en los que ha obtenido grandes reconocimientos. Asimismo, cursó la maestría en Alta Dirección y es miembro de la Asociación Mexicana de la Creatividad y de Toastmasters Internacional de Oratoria.

    Es autor de los *best sellers Un espacio en tu corazón* —traducido a varios idiomas y vendido en países como España y Brasil—, *El milagro de la vida, Momentos mágicos, El vuelo de la renovación, Los matices de la felicidad, El pequeño libro de los grandes hombres de negocios, Grandeza de ser mujer* —publicados por Lectorum—, *Instantes de amor* y *El mercader de Dios*. Sus más de quinientas mil obras vendidas avalan su calidad.

Para entrar en contacto con el autor sobre la conferencia motivacional El Secuestro, puede escribir a:
isdemexico@yahoo.com.mx

Consultar en:
www.conferencistasyseminarios.com

O marcar el teléfono:
(01) (442) 198 1188

El secuestro, de Enrique Villarreal Aguilar,
fue impreso y terminado en enero de 2011
en Encuadernaciones Maguntis, Iztapalapa,
México, D. F. Teléfono: 5640 9062.